Cornelia Haas · Ulrich Renz

Min allra vackraste dröm

আমার সবচেয়ে সুন্দর স্বপ্ন

Tvåspråkig barnbok

med ljudbok och video online

Översättning:

Narona Thordsen (svenska)

Kuheli Dutta (bengaliska)

sefa

Ljudbok och video:

www.sefa-bilingual.com/bonus

Fri tillgång med lösenordet:

svenska: **BDSV2831**

bengaliska: **BDBN1123**

Lulu kan inte somna. Alla andra drömmer redan – hajen, elefanten, den lilla musen, draken, kängurun, riddaren, apan, piloten. Och lejonungen. Även björnen kan nästan inte hålla ögonen öppna ... Du björn, kan du ta med mig in i din dröm?

লুলুর ঘুম আসছে না। অন্য সবাই ইতিমধ্যে স্বপ্ন দেখছে – হাঙ্গর, হাতি, ছোট ইঁদুর, ড্রাগন, ক্যাঙ্গারু নাইট, বানর, পাইলট এবং সিংহ শাবক। এমনকি ভালুকেরও চোখ খোলা রাখতে কষ্ট হচ্ছে ...

আরে ভালুক, তুমি কি আমাকে তোমার স্বপ্নে নিয়ে যাবে?

Och med det så finner sig Lulu i björnarnas drömland. Björnen fångar fisk i Tagayumisjön. Och Lulu undrar, vem skulle kunna bo där uppe i träden? När drömmen är slut vill Lulu uppleva ännu mer. Följ med, vi hälsar på hajen! Vad kan han drömma om?

এবং সেই সঙ্গে, লুলু নিজেকে ভালুকের স্বপ্নভূমিতে আবিষ্কার করে। ভালুক টাগায়ুমি হ্রদে মাছ ধরে। আর লুলু ভাবে, উপরের গাছগুলোতে কে থাকতে পারে?
স্বপ্ন শেষ হলে, লুলু আরেক দু:সাহসিক অভিযানে যেতে চায়। চল, হাঙ্গরকে দেখতে যাই! সে কিসের স্বপ্ন দেখছে?

Hajen leker tafatt med fiskarna. Äntligen har han vänner! Ingen är rädd för hans spetsiga tänder.

När drömmen är slut vill Lulu uppleva ännu mer. Följ med, vi hälsar på elefanten! Vad kan han drömma om?

হাঙ্গর মাছের সঙ্গে ছোঁয়াছুয়ি খেলছে। অবশেষে সে কিছু বন্ধু পেয়েছে! কেউ তার তীক্ষ্ণ দাঁত ভয় পাচ্ছে না।

স্বপ্ন শেষ হলে, লুলু আরেক দু:সাহসিক অভিযানে যেতে চায়। চল, হাতিকে দেখতে যাই! সে কিসের স্বপ্ন দেখছে?

Elefanten är lika lätt som en fjäder och kan flyga! Snart landar han på den himmelska ängen.

När drömmen är slut vill Lulu uppleva ännu mer. Följ med, vi hälsar på den lilla musen! Vad kan hon drömma om?

হাতি পালকের মত হালকা এবং উড়তে পারে! সে আকাশমণ্ডলীয় ঘাসভূমির উপর অবতরণ করতে চলেছে।

স্বপ্ন শেষ হলে, লুলু আরেক দু:সাহসিক অভিযানে যেতে চায়। চল, নেংটি ইঁদুরকে দেখতে যাই! সে কিসের স্বপ্ন দেখছে?

Den lilla musen är på ett tivoli. Mest gillar hon berg- och dalbanan. När drömmen är slut vill Lulu uppleva ännu mer. Följ med, vi hälsar på draken. Vad kan hon drömma om?

নেংটি ইঁদুর মেলা দেখছে। তার নাগরদোলা সবচেয়ে বেশি পছন্দ।
স্বপ্ন শেষ হলে, লুলু আরেক দু:সাহসিক অভিযানে যেতে চায়। চল, ড্রাগনকে দেখতে যাই! সে কিসের স্বপ্ন দেখছে?

Draken är törstig av att ha sprutat eld. Hon skulle vilja dricka upp hela sockerdrickasjön.

När drömmen är slut vill Lulu uppleva ännu mer. Följ med, vi hälsar på kängurun! Vad kan hon drömma om?

ড্রাগন আগুন বের করে তৃষ্ণার্ত। সে পুরো লেবুর শরবতের হ্রদ পান করতে চায়। স্বপ্ন শেষ হলে, লুলু আরেক দু:সাহসিক অভিযানে যেতে চায়। চল, ক্যাঙ্গারুকে দেখতে যাই! সে কিসের স্বপ্ন দেখছে?

Kängurun hoppar genom godisfabriken och stoppar sin pung full. Ännu fler av de blåa karamellerna! Och ännu fler klubbor! Och choklad!

När drömmen är slut vill Lulu uppleva ännu mer. Följ med, vi hälsar på riddaren. Vad kan han drömma om?

ক্যাঙ্গারু ক্যান্ডি কারখানার চারপাশে লাফিয়ে চলে এবং তার থলি ভরাট করে। এমনকি নীল মিষ্টি আরো! এবং আরো ললিপপস! এবং চকোলেট!

স্বপ্ন শেষ হলে, লুলু আরেক দু:সাহসিক অভিযানে যেতে চায়।চল, নাইটকে দেখতে যাই! সে কিসের স্বপ্ন দেখছে?

Riddaren har tårtkrig med sin drömprinsessa. Oj! Gräddtårtan missar! När drömmen är slut vill Lulu uppleva ännu mer. Följ med, vi hälsar på apan! Vad kan han drömma om?

নাইট তার স্বপ্নের রাজকুমারীর সঙ্গে কেকযুদ্ধ করছে। ওহো! মিশ্রিত ক্রিম কেক ভুল পথে চলে গেছে!
স্বপ্ন শেষ হলে, লুলু আরেক দু:সাহসিক অভিযানে যেতে চায়।চল, বানরকে দেখতে যাই! সে কিসের স্বপ্ন দেখছে?

Äntligen har det snöat i aplandet! Hela apgänget är helt uppspelta och gör rackartyg.

När drömmen är slut vill Lulu uppleva ännu mer. Följ med, vi hälsar på piloten! I vilken dröm kan han ha landat i?

অবশেষে বানরভূমিতে তুষারপাত হয়েছে। পুরো বানরের ঝাঁক আত্নহারা হয়ে গেছে এবং বানরোচিত কাজে লিপ্ত হচ্ছে।
স্বপ্ন শেষ হলে, লুলু আরেক দু:সাহসিক অভিযানে যেতে চায়। চল, বিমানচালককে দেখতে যাই! সে কিসের স্বপ্ন দেখছে?

Piloten flyger och flyger. Ända till världens ände och ännu längre, ända till stjärnorna. Ingen pilot har någonsin klarat av detta tidigare.

När drömmen är slut så är alla väldigt trötta och känner inte för att uppleva mycket mer. Men lejonungen vill de fortfarande hälsa på. Vad kan hon drömma om?

বিমানচালক উড়ে এবং উড়তেই থাকে। পৃথিবীর শেষ প্রান্তে, এমনকি আরও দূরে, তারার উপর পর্যন্ত। অন্য কোন বিমানচালক এখনও যা পারেনি।

স্বপ্ন শেষ হলে সবাই খুব ক্লান্ত হয়ে পড়ে এবং আর বেশি অভিযানে যাওয়ার ইচ্ছে থাকে না। কিন্তু তারা এখনও সিংহশাবককে দেখতে যেতে চায়। সে কিসের স্বপ্ন দেখছে?

Lejonungen har hemlängtan och vill tillbaka till sin varma mysiga säng.
Och de andra med.

Och där börjar ...

সিংহশাবকের বাড়ির জন্য মন খারাপ এবং উষ্ণ, আরামদায়ক বিছানায় ফিরে যেতে চায়।
এবং অন্যরাও।

এবং এইভাবে শুরু হয় ...

... Lulus
allra vackraste dröm.

... লুলুর
সবচেয়ে সুন্দর স্বপ্ন।

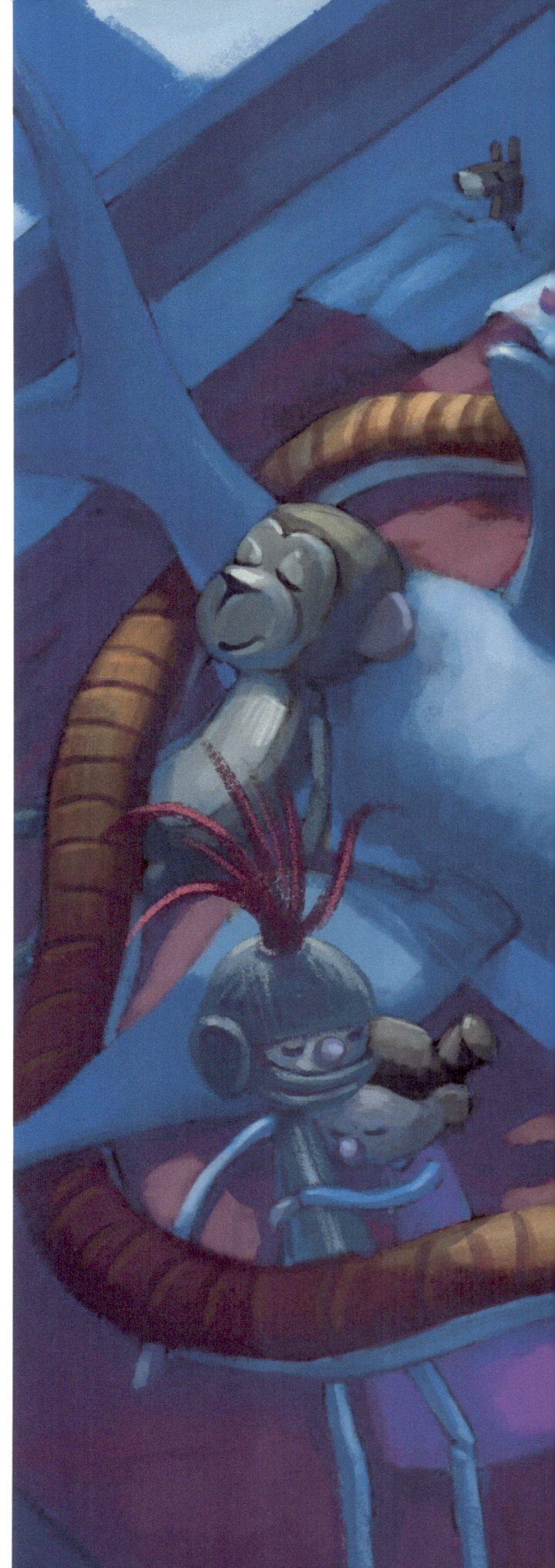

Författarna

Cornelia Haas föddes 1972 nära Augsburg (Tyskland). Efter utbildningen som skylt- och ljusreklamtillverkare studerade hon design vid Münster yrkeshögskola och utexaminerades som diplom designer. Sedan 2001 illusterar hon barn- och ungdomsböcker, sedan 2013 undervisar hon i akryl- och digitalmålning vid Münster yrkeshögskola.

Ulrich Renz föddes 1960 i Stuttgart (Tyskland). Efter att ha studerat fransk litteratur i Paris tog han läkarexamen i Lübeck och var chef för ett vetenskapligt förlag. Idag är Renz frilansförfattare, förutom faktaböcker skriver han barn- och ungdomsböcker.

Gillar du att måla?

Här kan du hitta bilderna från berättelsen för färgläggning:

www.sefa-bilingual.com/coloring

Sov gott, lilla vargen

För barn från 2 år

med ljudbok och video online

Tim kan inte sova. Hans lilla varg är borta! Glömde han den utomhus kanske? Tom ger sig alldeles ensam ut i natten – och får oväntat sällskap...

Finns på dina språk?

▶ Fråga vår „språkassistent":

www.sefa-bilingual.com/languages

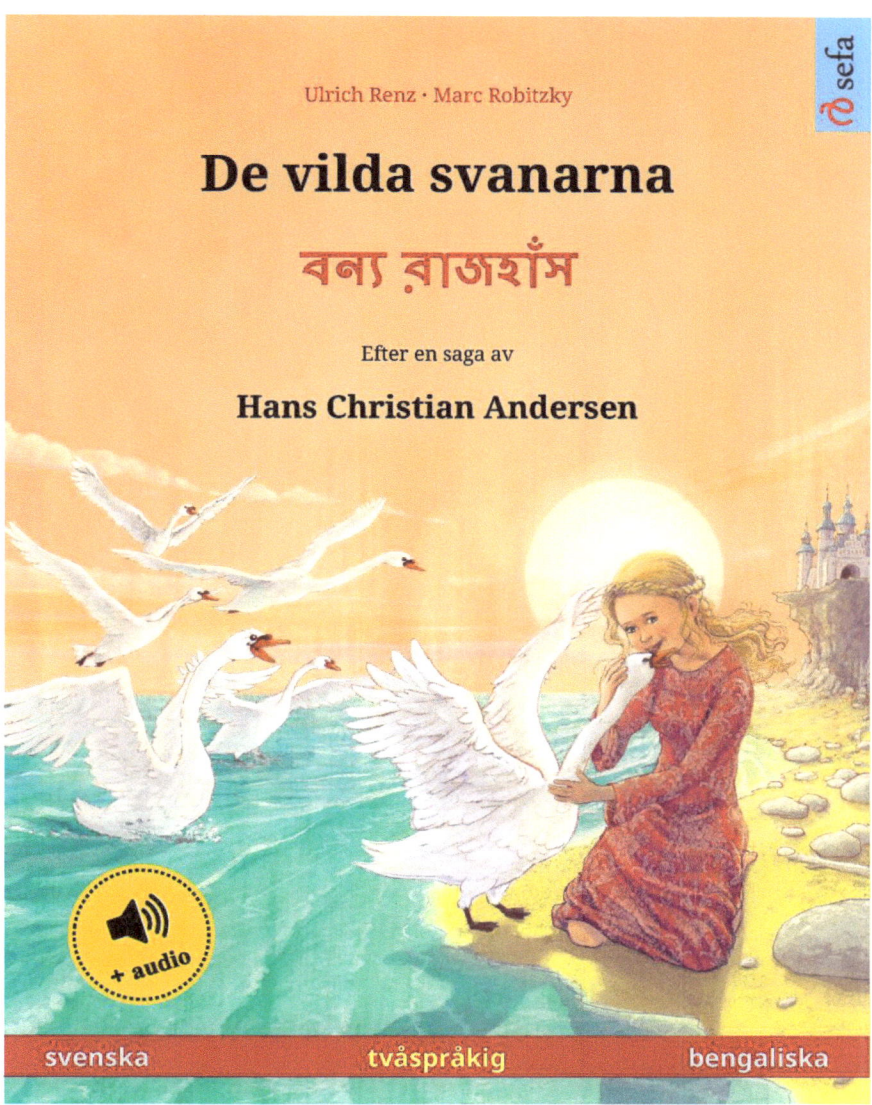

De vilda svanarna

Efter en saga av Hans Christian Andersen

För barn från 4-5 år

"De vilda svanarna" av Hans Christian Andersen är inte utan orsak en av värdelns mest lästa sagor. I tidlös form har den allt det som tema som mänskligt drama är gjort av: Rädsla, tapperhet, kärlek, förräderi, separation och återfinnande.

Finns på dina språk?

▶ Fråga vår „språkassistent":

www.sefa-bilingual.com/languages

© 2024 by Sefa Verlag Kirsten Bödeker, Lübeck, Germany

www.sefa-verlag.de

Special thanks for his IT support to our son, Paul Bödeker, Freiburg, Germany

All rights reserved. No part of this book may be reproduced without the written consent of the publisher

ISBN: 9783739963327

www.ingramcontent.com/pod-product-compliance
Lightning Source LLC
LaVergne TN
LVHW070452080526
838202LV00035B/2814